DU
REMBOURSEMENT
ET DE
LA CONVERSION
DE LA RENTE 5 P. o/o.

LETTRES A UN DÉPUTÉ.

Par A. B.

PARIS,
IMPRIMERIE DE BOURGOGNE ET MARTINET,
RUE JACOB, 30.

1838.

DU
REMBOURSEMENT

ET DE

LA CONVERSION

DE LA RENTE 5 P. o/o.

LETTRES A UN DÉPUTÉ.

Vous m'avez demandé, monsieur, de vous communiquer mon opinion sur le contenu et les conclusions d'un ouvrage très remarquable que vient de faire paraître M. Jules Ouvrard fils, sur le *Remboursement et la Conversion des rentes 5 p. o/o.*

C'était m'engager à traiter sous toutes ses faces cette grave question , à en résumer les débats et à peser toutes les considérations pour ou contre qui ont été mises depuis plusieurs années sous les yeux du public.

C'est aussi ce que j'essaierai de faire dans plusieurs lettres que j'aurai l'honneur de vous adresser successivement.

On a souvent remarqué que lorsqu'un homme de talent et d'expérience traitait d'une manière approfondie quelque question politique ou administrative, il était presque impossible qu'il ne fournît lui-même les meilleurs arguments contre ses conclusions, lorsque ces conclusions étaient contraires aux véritables intérêts du pays.

C'est ce qui ne pouvait pas manquer d'avoir lieu pour l'ouvrage que vient de publier M. Ouvrard.

« Cette question, dit-il (celle du remboursement » et de la conversion des rentes 5 p. 0/0), a été » agitée trop souvent depuis deux ans, elle est » l'objet d'une préoccupation trop générale, pour » que le moment ne soit pas venu de l'approfondir.

» *Il y a d'ailleurs nécessité de prendre un parti :* » *le 5 p. 0/0 est paralysé par cette menace incessante* » *de remboursement,* et il en résulte sur tous nos » fonds et par suite sur toutes les valeurs, une » dépréciation, une pesanteur qui ralentissent les » transactions, maintiennent à un prix trop élevé » le taux de l'intérêt, et qui, en se prolongeant, » entraveraient les forces vitales du pays. C'est » donc un devoir pour le Gouvernement de ne » plus retarder une discussion complète, décisive. » — *C'en est un pour tous les hommes qui ont étudié* » *la matière, d'apporter le tribut de leurs réflexions.* »

Rien de plus juste que ces observations de l'auteur. L'intérêt du pays, bien plus que l'intérêt du trésor public proprement dit, exige impérieusement qu'un parti soit pris promptement sur la question importante dont il s'agit. — Sur ce terrain, comme on voit, les deux opinions contraires se rencontrent; et les partisans de la conversion *ou* du remboursement ne sauraient alléguer de motifs plus graves et plus déterminants que ceux indiqués par M. Ouvrard.

Or, pour sortir de l'état de perplexité et d'inquiétude dont tout le monde reconnaît les inconvénients, il faut manifestement que la législature décide le plus tôt possible que la conversion *ou* le remboursement aura lieu, ou bien qu'elle décide le contraire.

Mais si cette dernière détermination était prise, quels en seraient les résultats?

M. Ouvrard nous l'apprend lui-même dans la suite de son ouvrage.

« Si donc, dit-il, repoussant ces imprudentes » lois de 1825 et 1833, on eût laissé à l'amortisse-» ment toute liberté d'action sur les fonds *même* » *au-dessus du pair*, et qu'on se fût abstenu de » prononcer cette menace de remboursement, le » 5 p. 0⁄0 serait maintenant *au-delà* de 125, à l'in-» térêt de 4 p. 0⁄0 au plus, et le 3 p. 0⁄0 serait à 90 » produisant 3 1⁄3. »

Mais si le 5 p. 0⁄0 était déclaré irremboursable, soit explicitement par un décret législatif, soit implicitement, en raison de ce qu'on reporterait sur lui l'action de l'amortissement n'importe quel fût son cours au-dessus du pair, un mouvement rapide et presque instantané de hausse ne pourrait manquer de le porter rapidement à un taux fort supérieur à celui de 125 indiqué ci-dessus.

Il est évident, en effet, que du moment où les propriétaires du 5 p. o⁄o n'auraient pas à craindre de remboursement; du moment où leurs inscriptions seraient achetées sur la place, quelle que fût l'élévation de leur cours, par la caisse d'amortissement, ils se trouveraient, sous le rapport de la possibilité du profit sur le capital, dans les mêmes conditions que les possesseurs des rentes 3 p. o⁄o.

Dès lors, le cours de tous les fonds publics ne tarderait pas à se niveler; car « quelle que soit la » dénomination des rentes sur l'État, quel que soit le » chiffre pour lequel leur capital soit inscrit (ou » censé inscrit) sur le grand-livre, la situation du » crédit public est toujours également exprimée » par la proportion de l'intérêt annuel que les » rentiers perçoivent par l'effet de la possession des » mêmes rentes avec le capital qu'il leur faut dé-» bourser pour les acquérir, de la même manière » que la plus ou moins grande valeur des proprié-» tés foncières est représentée par la proportion » de leur revenu net avec leur prix d'acquisition.

» Ainsi, *si dans les mêmes circonstances don-» nées* (1) des rentes émises par l'État sous une

____

(1) C'est-à-dire si étant également à l'abri de la crainte du remboursement du capital nominal.

» certaine dénomination se négocient et par consé·
» quent se rachètent à raison de 25 ou de 33 fois
» le revenu, l'on négocierait et l'on rachèterait,
» en même temps, au même prix, des rentes
» émises sous une tout autre dénomination, car
» c'est dans le rapport de l'intérêt perçu annuelle-
» ment avec le capital employé à se procurer ce
» même revenu que gît véritablement l'intérêt des
» rentiers. »

. . . .

« de telle sorte que si les capitalistes (1) trouvaient
» dans leurs convenances d'acquérir un revenu fixe
» de trois francs sur l'État, pour la somme de
» 100 fr., c'est-à-dire pour trente-trois fois le re-
» venu, ce ne pourrait être que par suite des mêmes
» circonstances qui leur feraient trouver également
» avantageux d'acquérir un autre revenu de cinq
» francs sur l'État contre un capital représentant
» aussi trente-trois fois le revenu, soit moyennant
» la somme de 166 fr., de même que lorsque, dans
» une contrée, une terre produisant 3,000 fr. de

(1) C'est-à-dire ceux qui achètent des rentes pour se créer des revenus, et qui seuls fournissent effectivement, ou en dernier résultat, leurs capitaux à l'État; tous les autres ne pouvant être considérés et n'étant en effet que des intermédiaires (souvent nécessaires, il est vrai) entre ceux-là et le trésor public, ou des prêteurs transitoires de celui-ci, qui ne peuvent établir leurs calculs et faire leurs offres qu'en vue des calculs, d'ailleurs fort simples et à la portée de tout le monde, que pourront faire les premiers dans leur propre intérêt.

» revenu annuel, se vend 100,000 fr., une autre terre
» produisant 5,000 fr. se vendrait aussi, néces-
» sairement, en supposant toutes autres choses
» semblables, environ 166,000 fr. » (*Moniteur* du
20 avril 1824.)

Ainsi donc, si la déclaration implicite ou expli-
cite demandée par M. Ouvrard fils, du non-rem-
boursement des rentes 5 p. 0/0, en rendant indis-
tinctement toute leur élasticité aux diverses natures
de fonds publics, portait à 90, comme il le suppose
avec toute raison, le cours du 3 p. 0/0, elle porte-
rait en même temps à 150 fr. le cours du 5 p. 0/0.

Il s'ensuit que la déclaration dont il s'agit aurait
pour effet immédiat, ou presque immédiat, d'ac-
croître, dans les mains de tous les possesseurs actuels de rentes 5 p. 0/0, la valeur de leurs titres,
dans la proportion de la différence existant entre
le cours actuel d'environ 108 fr. (1) pour cinq
francs de rente, et celui de 150 fr. établi ci-dessus.

Recevant une prime de plus de 39 p. 0/0, chaque
propriétaire d'une inscription de 500 fr. de rente
5 p. 0/0 (laquelle représente aujourd'hui pour lui
en écus un capital effectif de 10,800 fr.), se trou-

______

(1) Car, dans le cours, coté maintenant à la Bourse, d'environ
110 fr., entre nécessairement déjà une forte partie de la valeur du
coupon prochainement exigible, ou, en d'autres termes, le montant des intérêts dus par l'État pour la période de plus de quatre
mois qui s'est écoulée depuis le 22 septembre 1837, échéance des
arrérages du semestre précédent.

verait immédiatement enrichi d'une somme de 4,200 fr., puisque, au nouveau cours de 150 fr., son inscription vaudrait alors un capital effectif de 15,000 fr.

Les 140 millions de rente 5 p. 0⁄0 inscrits au grand-livre de la dette publique (folio 71 de l'ouvrage de M. Ouvrard), qui, d'après leur valeur nominale de 100 fr. de capital pour 5 fr. de rente, ne constituent qu'une dette de deux milliards et huit cents millions à la charge du trésor public, c'est-à-dire de la masse entière des contribuables (propriétaires, rentiers, industriels, etc.), le rendraient bientôt débiteur, au nouveau cours de 150 fr. qu'on aurait provoqué, du capital de quatre milliards deux cents millions, qui se trouverait excéder sa dette réelle de la somme énorme de un milliard quatre cents millions, et qui excéderait même la valeur actuelle à la Bourse des rentes dont il s'agit, de la somme de près de douze cents millions (1).

Maintenant, pourrait-on se croire fondé à sou-

(1) M. Ouvrard dit, au folio 49 de son ouvrage, que les étrangers, et surtout les Anglais, possèdent une masse de rentes s'élevant à plus de 20 millions, et il exprime la crainte que les 400 millions qui forment le capital de ces rentes ne désertent le sol français, au cas où le remboursement aurait lieu. Une crainte plus sérieuse me paraît pouvoir être conçue, c'est que si on permet aux rentes 5 p. 0⁄0 d'atteindre le cours de 150; les étrangers possesseurs des 20 millions de rentes dont il s'agit ne jugent à propos d'emporter, en aliénant ces rentes, non seulement le capital mentionné, mais aussi le bénéfice de 200 millions qu'on leur aurait octroyé.

tenir que l'État serait désintéressé dans une si prodigieuse augmentation du capital de cette partie de la dette appelée 5 p. o/o, et que le développement progressif du crédit se chargerait seul d'en faire les frais? Ce serait se faire une bien étrange illusion que de le supposer.

Et d'abord, ne demande-t-on pas que la caisse d'amortissement soit de nouveau appelée à racheter à tout prix les rentes 5 p. o/o (1)? Et dès lors ne devra-t-elle pas les payer au cours de 150 fr., lorsqu'elle paiera sur le pied de 90 les rentes 3 p. o/o?

Mais quelle que soit l'espèce de prestige dont on veuille environner la caisse d'amortissement, n'est-ce point aussi avec le produit des impôts, avec les écus qu'ils procurent au trésor et que celui-ci lui remet en partie, qu'elle opère ses rachats?

Les contribuables paieront donc d'autant plus ou d'autant plus long-temps, pour que l'on puisse parvenir à l'extinction d'une somme donnée de rentes 5 p. o/o, que ces rentes devront être rachetées à un prix plus élevé, et c'est bien sur eux que retombera, en dernière analyse, la plus-value extraordinaire qu'on prétend pouvoir être donnée sans inconvénient aux rentes dont il s'agit.

Ce n'est pas tout encore. Qu'on suppose que les besoins de l'État l'obligent à recourir au crédit :

Il pourrait aisément aujourd'hui faire à de bon-

(1) Folios 104 et 106 de l'ouvrage de M. Ouvrard.

nes conditions un emprunt de cinq ou six cents millions, parce que cette somme peut se trouver disponible entre les mains d'un plus ou moins grand nombre de capitalistes.

Mais que les rentes 5 p. 0/0 soient déclarées irremboursables, et la plus-value immédiate qu'elles obtiendront ira progressivement absorber une masse de plus d'un milliard de capitaux circulants, et ce résultat nécessairement produit par les aliénations successives des rentes 5 p. 0/0, se trouvera réalisé beaucoup plus tôt qu'on ne saurait le supposer. Car il est plus que permis de prévoir qu'un grand nombre de possesseurs actuels des rentes 5 p. 0/0 s'empresseraient de réaliser les énormes bénéfices dont on veut les gratifier, en vendant leurs inscriptions à la Bourse, lors même que ce ne serait que pour acheter en place de celles-là d'autres inscriptions en rentes 3 p. 0/0, qui, avec le même capital en écus, leur procureraient alors à peu près le même revenu ; tandis que les nouveaux possesseurs des premières ayant acheté sous l'empire d'une loi qui aurait permis l'élévation à 140 ou 150 p. 00 des rentes 5 p. 0/0, n'auraient aucune crainte à concevoir sur le maintien (en ce qui peut dépendre de l'État, leur débiteur) de la valeur nouvelle d'un titre acquis par eux de bonne foi.

Ainsi, le même milliard que l'État aurait pu appeler en cas de besoin à son secours, en se bornant pour cela à inscrire ses créanciers sur son grand-livre de la dette publique, ou en aliénant, non des forêts ou des domaines, mais des certificats d'inscription sur ce grand-livre, portant promesse du paiement semestriel d'une rente déterminée, ce milliard, dis-je, ne se trouvera plus disponible, parce qu'il sera venu précédemment et naturellement se placer dans les fonds publics par le fait même de la réalisation des bénéfices des anciens possesseurs de rentes 5 p. 0/0.

Rien ne disparaît sans doute en fait de capitaux, si on en excepte ceux détruits par les incendies, les naufrages ou autres sinistres, et le milliard que la plus-value des rentes 5 p. 0/0 aurait appelé aux mains desdits rentiers, au lieu de celles de l'État, serait sans doute de leur part l'objet de nouveaux placements. Une certaine partie d'un tel profit pourrait même chercher encore son placement dans les fonds publics; mais la plus grande partie prendra naturellement d'autres directions, et nul doute que l'agriculture, le commerce et l'industrie, n'en obtinssent une large part.

Mais, dira-t-on, ce sera là l'un des plus précieux avantages de la mesure proposée.

Autant vaudrait dire, et le paradoxe serait moindre, qu'il est bon de livrer, sur les fonds de l'État, quatre ou cinq cents millions aux maîtres de forges et aux chefs de manufactures, afin de faire prospérer d'autant mieux leurs industries et toutes celles qui existent, à la faveur et par suite des profits de celles-là !

Il serait sans doute éminemment utile qu'une plus grande masse de capitaux vînt alimenter tous les genres de travaux et d'industrie, à commencer par le plus intéressant de tous qui est l'agriculture ; mais pour atteindre ce but, il existe d'autre moyens que celui de jeter pour ainsi dire à la tête des porteurs actuels de rentes 5 p. o/o la somme de plus d'un milliard.

Ce que demande surtout l'agriculture, c'est de voir alléger le fardeau de la contribution foncière qui pèse sur elle, et que tous les centimes départementaux et municipaux qui y sont progressivement ajoutés rendent sans cesse plus onéreuse, et ses vœux à cet égard méritent sans doute la plus sérieuse attention, lorsqu'il s'agit de la première de toutes les industries, de celle qui occupe incomparablement le plus grand nombre de bras, *et qui contribue le plus non seulement à la prospérité mais aussi à la moralité du pays.*

En vous communiquant, monsieur, les observations qui précèdent, je n'entends nullement me constituer l'antagoniste des rentiers.

Cette classe de citoyens n'est pas moins intéressante que toutes les autres, et ne mérite pas moins d'être l'objet de la sollicitude du gouvernement.

Les vœux à former en sa faveur, si la conversion *ou* le remboursement des rentes 5 p. o/o était décidé, sont que l'une ou l'autre de ces mesures soit rendue aussi favorable que possible aux possesseurs actuels de ces rentes ; que leur propre intérêt les détermine à entrer dans des fonds au-dessous du pair, et dont les inscriptions leur seraient livrées à un tel prix qu'ils y trouveraient à peu près l'équivalant du capital effectif que représentent *aujourd'hui* celles dont ils sont porteurs; mais prétendre que tous les intérêts doivent être sacrifiés aux leurs, que tous ceux qui ont acheté des rentes 5 p. o/o depuis le taux de 8 p. o/o jusqu'à celui de 110 ont acquis, par cela même, un privilége, et que la justice ou l'intérêt du crédit public exigent qu'un peu plus tôt, un peu plus tard, on leur rachète ce privilége, moyennant une prime ou un bénéfice de 40 ou 50 p. o/o, c'est vouloir faire, ce me semble, une violence bien étrange aux principes les plus simples de l'équité et de la raison.

Je crois, monsieur, avoir suffisamment démontré que des deux mesures qui ont été indiquées plus haut, et qui seules peuvent faire cesser un état de choses dans lequel toutes les opinions s'accordent à reconnaître un obstacle flagrant au développement progressif de la fortune publique et des fortunes particulières, celle de déclarer irremboursables les rentes 5 p. o/o conduit à des conséquences qu'il suffit de mettre à nu pour en démontrer toute l'énormité ; ce n'est donc plus, ce semble, qu'à la mesure diamétralement contraire à celle-là qu'il peut être permis d'avoir recours pour faire cesser enfin l'anxiété des rentiers, pour rendre aux fonds publics toute leur élasticité, pour ne plus arrêter l'élévation progressive de ceux au-dessous du pair, pour leur permettre ainsi de représenter par leur cours, l'intérêt réel des capitaux, et pour exonérer enfin la masse des contribuables de ce dont ils pourraient être imposés de moins pour le service de la dette publique, si ce n'est pour appliquer l'économie qu'on obtiendrait sur ce service à des dépenses plus profitables au pays tout entier.

Je chercherai à vous convaincre, monsieur, dans une lettre subséquente, que ces divers et si importants résultats pourraient être obtenus sans rencontrer toutes les difficultés et sans présenter tous les inconvénients qu'a cru apercevoir et qu'a énumérés contre la mesure de la conversion *ou* du remboursement des rentes 5 p. 0/0, l'auteur de l'ouvrage qui fixe en ce moment l'attention publique.

6 février 1838.

DU

REMBOURSEMENT

ou

DE LA CONVERSION

DES RENTES 5 P. %.

DU
REMBOURSEMENT
OU DE
LA CONVERSION
DES RENTES 5 P. o/o.

LÉGALITÉ, ÉQUITÉ, UTILITÉ POUR L'ÉTAT, OPPORTUNITÉ DE CETTE MESURE;
AVANTAGES QU'ELLE PEUT PRÉSENTER AUX RENTIERS.

« Et pour être approuvés
» De semblables projets
» Veulent être achevés. »

LETTRES A UN DÉPUTÉ.

DEUXIÈME LETTRE.

Par A. B.

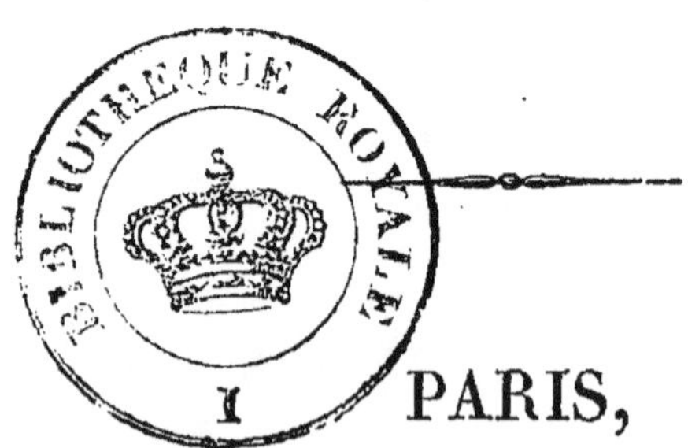

PARIS,
IMPRIMERIE DE BOURGOGNE ET MARTINET,
RUE JACOB, 30.

1838.

DU

REMBOURSEMENT

OU DE

LA CONVERSION

DES RENTES 5 P. o/o.

LETTRES A UN DÉPUTÉ.

Les observations, monsieur, contenues dans la première lettre que j'ai eu l'honneur de vous écrire au sujet de la question qui est *forcément* à l'ordre du jour, de la conversion ou du remboursement des rentes 5 p. o/o, auront pu, je pense, vous convaincre que la proposition de déclarer que ces rentes ne seront pas remboursées par l'État pour leur valeur nominale, et qu'elles seront, au contraire, rachetées successivement, à tout prix, par la caisse d'amortissement; que cette proposition, dis-je, ne saurait soutenir un seul instant la discussion.

Vous aurez été, je pense, également convaincu qu'il devient de jour en jour plus urgent dans tous les intérêts publics et particuliers de sortir enfin de l'état d'incertitude et de perplexité où l'on est depuis long-temps sur le sort des rentes 5 p. 0⁄0, et que la mesure de la conversion ou du remboursement desdites rentes est devenue, en conséquence, aussi nécessaire qu'inévitable.

Mais cette mesure :

1° Est-elle *juste* et *légale?*

2° Est-elle *utile?*

3° Est-elle *praticable par les moyens proposés jusqu'ici?*

4° Est-elle *opportune?*

Telles sont, monsieur, les questions établies et discutées par M. Ouvrard dans l'ouvrage qu'il a publié sur la matière, et que je vais examiner à mon tour.

1° La mesure est-elle légale?

Pour répondre à cette question, il me suffira de reproduire ce qui est dit par M. Ouvrard lui-même au folio 32 de son ouvrage.

« La conversion ou réduction est expressément
» interdite. *Il n'en est pas de même du rembour-*
» *sement;* si la loi du 24 août 1793 ne stipule pas
» d'une manière formelle le droit de rembourse-
» ment, et l'existence d'un capital pour la rente

»5 p. o/o, elle en parle et les reconnaît tous deux
» implicitement.

» L'amortissement établi par la loi du 21 floréal
» an x n'est pas nécessairement exclusif de la
» faculté de rembourser.

» Enfin, l'exemple de l'Angleterre qui n'a jamais
» hésité à reconnaître la justice et la convenance
» de cette faculté paraît déterminant.

» *Le droit de remboursement me semble donc
» appartenir à l'État;* néanmoins il est l'objet de
» contestations trop graves pour que le gouverne-
» ment puisse en faire une application rigou-
» reuse, sans un but de grande utilité bien con-
» statée. »

Ces conclusions, fondées sur l'examen appro-
fondi dont M. Ouvrard les a fait précéder, mettent
déjà hors de discussion la question la plus importante, qui est celle de la légalité du remboursement, et me dispensent même de réfuter l'opinion
émise par M. Ouvrard, que les dispositions du
code civil (articles 1191 et 1911) qui autorisent
tout débiteur à se libérer envers son créancier du
montant de sa dette, ne sauraient être justement
invoquées par l'État (1).

---

(1) Le plus fort argument mis en avant, à l'appui de cette opinion, est que, dans le cas (qui ne s'est pas présenté au surplus depuis le consulat) de retards prolongés dans le paiement des arréra-

Je suis plus loin encore de vouloir contester l'une des conclusions sus rapportées de M. Ouvrard, que la *conversion ou la réduction est expressément interdite*, ce que M. Ouvrard entend nécessairement dans ce sens, qu'il serait inique de vouloir forcer les possesseurs des inscriptions de rentes 5 p. o⁄o, soit à les échanger contre des inscriptions portant un intérêt moindre que celui-là, lors même que cet échange leur procurerait des chances de profit sur le capital, soit à subir une certaine réduction sur leurs rentes actuelles 5 p. o⁄o sans aucune chance de bénéfice sur le capital.

Non, sans doute, aucun possesseur de rentes sur l'État ne peut être tenu de souscrire à la conversion ou à la réduction de ses rentes, mais cela n'ôte point à l'État le droit que tout le monde lui reconnaît de se libérer de sa dette, ni par

ges, les créanciers de l'État n'auraient point pu, à leur tour, se prévaloir utilement contre lui de l'art. 1912 du Code civil, en pratiquant des saisies, en s'emparant des propriétés ou de la personne de leur débiteur ; mais on perd de vue que c'est précisément parce que tout le monde sait que l'État ne saurait être saisi ou exproprié comme un simple particulier, que ses emprunts, surtout dans les temps de détresse, sont faits à de plus dures conditions, et certes le trésor n'eût pas été forcé d'emprunter à 4o p. o⁄o de perte en 1818 si ses prêteurs avaient pu croire à la possibilité d'appliquer au besoin contre lui les dispositions de l'art. 1912 du Code civil.

cela même, celui d'offrir aux rentiers qui préfè-
reraient de conserver leurs fonds sur l'État, des
avantages particuliers qu'ils ne trouveraient pas
dans le remboursement de leur capital.

Ce qui jette trop souvent de l'obscurité dans les
discussions sur la matière, c'est que l'énormité des
chiffres, quand il s'agit de la dette d'un grand pays,
effraie pour ainsi dire l'imagination, et qu'on se
laisse assez généralement aller à croire que les
questions de cette nature ne peuvent être com-
prises et traitées que par quelques initiés.

A la différence des chiffres près, et sauf la di-
versité des avantages ou des inconvénients que
peuvent produire les emprunts contractés par un
pays ou par de simples individus, rien ne ressem-
ble cependant davantage aux dettes d'un particulier que celles d'un État, et les mêmes calculs
que suggèrerait à l'un son propre intérêt peuvent
et doivent, sous la plupart au moins des rapports,
être faits par l'autre dans les mêmes circonstances données.

A la suite de plusieurs sinistres, un riche propriétaire, par exemple, est obligé, pour faire
face à ses engagements, d'emprunter la somme
d'un million.

L'embarras de sa situation, l'urgence de ses
besoins et l'affaiblissement momentané de son
crédit, l'obligent à consentir un intérêt annuel

de cinq francs pour chaque cent francs de capital qu'il demande à emprunter.

Peu de temps après l'ordre est remis dans ses affaires ; les brèches qu'avait souffertes sa fortune sont réparées, son crédit est devenu tel, que les capitaux dont il peut avoir besoin lui sont offerts de toutes parts en abondance, et qu'il ne tient qu'à lui de contracter au besoin de nouveaux emprunts contre l'intérêt annuel de 3 fr. 75 c. pour 100 fr. de capital (1). N'est-il pas manifeste que si ce particulier veut administrer ses affaires en bon père de famille, il doit s'empresser de se soustraire au fardeau d'une dette sur laquelle il sert 5 p. 0/0 d'intérêt, lorsqu'en place de celle-là il peut aisément en contracter une autre sur laquelle il n'aurait plus à servir qu'un intérêt annuel de 3 fr. 75 c. p. 0/0 ?

Toute la question est là.

Ne serait-on pas en droit de s'étonner que c'en soit encore une au XIXe siècle, en France ? Que dirait Usbeck à ce sujet si l'auteur des *Lettres Persanes* existait encore ?

Mais, dira-t-on, vous agissez en ingrat en soldant votre dette envers ceux qui, dans des moments de détresse, vous ont prêté leur argent, se confiant à votre bonne foi et à votre fortune.

---

(1) 80 — (cours actuel du 3 p. 0/0) : 3 . :: 100 : 3. 75.

Reproche fort habile parce qu'il se prend aux plus nobles et aux plus profonds sentiments du pays, la reconnaissance et la générosité; mais reproche injuste et contraire à la réalité des faits.

Dans les temps calamiteux, la plupart de nos emprunts ont été faits, comme on sait, à des maisons étrangères, et c'est même là, si on s'en souvient, l'un des reproches qui furent adressés plus tard au ministère de M. le duc de Richelieu.

D'honorables intentions présidèrent, nous n'en doutons pas, à la puissante intervention financière desdites maisons; mais (soyons vrais) ce ne fut point, ce ne put pas être par un sentiment de patriotisme ou d'affection particulière pour un pays qui était naguère le redoutable ennemi du leur, que ces maisons souscrivirent les emprunts dont il s'agit.

Elles faisaient tout simplement leurs affaires comme nous faisions les nôtres, et sur l'échelle de la confiance que pouvait inspirer l'avenir de la France, on peut dire justement que la leur n'alla qu'à 60 degrés au lieu de 100, puisqu'elles ne crurent pouvoir livrer qu'un capital effectif de 60 francs sur celui de 100, dont l'État se constituait débiteur envers elles.

La méfiance (et nous n'entendons pas en faire un sujet de reproche contre les prêteurs) entrait donc dans les éléments de leurs calculs pour l'énorme proportion de 40 pour 0/0 en admettant même pour *maximum* du crédit public la proportion de 100 francs de capital pour 5 francs de rente, tandis que si l'État se trouvait dans le cas de recourir aux emprunts aujourd'hui, les mêmes 15 francs de rentes qui ne purent lui faire obtenir alors qu'un capital de 180 fr., qui, d'après le *maximum* précité, auraient pu lui en procurer un de 300 fr., lui en vaudraient un maintenant de 400 fr. (1).

Mais, objectera-t-on encore, les maisons qui firent les emprunts onéreux de 1818 ont successivement aliéné les inscriptions de rente qui leur avaient été vendues, et ces inscriptions sont depuis long-temps aux mains d'autres possesseurs français ou étrangers.

Oui sans doute, mais croit-on qu'il y ait eu beaucoup d'acheteurs qui n'aient mis à leur tour en ligne de compte les chances de pertes qu'ils pouvaient entrevoir, et que leurs propres calculs, au moment de l'achat, n'aient pas toujours été basés sur le plus ou moins de sérénité de l'horizon politique, sur la prévision de l'époque plus ou moins prochaine de l'apaisement non des opinions politiques, ce puissant levier de prospérité et de succès, mais

(1) 5 : 80 :: 15 : 400.

des passions des partis, cette source déplorable et abondante de troubles, de démoralisation et de calamités publiques et particulières.

Pour savoir à quoi s'en tenir à cet égard, il suffit d'interroger les cours successifs de la Bourse, par lesquels se trouve si exactement exprimé le dernier résultat de la confiance de la masse entière des rentiers, résultat auquel chacun d'eux se trouve nécessairement concourir dans la proportion de sa propre confiance et du capital engagé par lui dans les fonds publics.

Il faut donc reconnaître, ce semble, si on veut voir les choses pour ce qu'elles sont, sans les parer des couleurs que peut leur prêter l'imagination, que la question de la gratitude est entièrement étrangère à celle du remboursement ou de la conversion des rentes 5 pour 0/0.

S'il en était autrement et si on pouvait prétendre que le pays a contracté une dette de reconnaissance envers les possesseurs desdites rentes, pour les fonds qu'eux ou leurs vendeurs lui ont prêtés à d'autres époques, cette dette ne se trouverait-elle pas amplement acquittée, soit par l'augmentation progressive de la valeur de leurs titres, produite par la bonne administration des finances de l'État et par l'accroissement incessant des revenus publics (ou, en d'autres termes, des apports des contribuables), soit par le retard même qu'a mis l'État jusqu'ici à s'affranchir d'une dette onéreuse, dont l'extinction aurait pu cependant avoir lieu, si ce n'est du jour même où le cours du 5 p. 0⁄0 a dépassé le pair, tout au moins de celui où un ministre des finances (M. le comte de Chabrol) adjugeait à plus de 100 un emprunt fait à 4 p. 0⁄0 !

Depuis lors, le trésor public ou la masse des contribuables n'ont-ils pas continué à servir sur une grande partie de leur dette un intérêt de 5 p. 0⁄0 par an, qu'on eût pu facilement remplacer par un intérêt de 4 p. 0⁄0, et cela non en faisant violence aux créanciers, ce que personne n'a jamais craint ou projeté, mais seulement en changeant de prêteurs, au moyen d'une opération qui n'a rien de profond ou de mystérieux, puisqu'elle eût tout simplement consisté à contracter de nouveaux emprunts aux conditions plus avantageuses que la situation plus prospère du crédit public pouvait faire obtenir, et à rembourser les anciens pour lesquels la dureté des temps avait autrefois forcé l'État à souscrire aux conditions les plus onéreuses?

En supposant que cette double opération n'eût été faite qu'en 1829, il est évident que l'État eût payé de moins depuis lors, pour chaque année, une somme de 28 millions (1), et, pour les huit années qui se sont écoulées jusqu'ici, celle de 224 millions.

Qu'on juge maintenant qui doit être plus reconnaissant l'un envers l'autre, du débiteur ou du créancier, de l'État ou de la masse des possesseurs de rentes 5 p. 0/0.

La question de la légalité comme celle de l'équité se trouvant ainsi éliminées, reste, pour l'État, le droit le plus entier et le moins contestable, de rembourser ceux de ses créanciers dont les prêts lui coûtent un intérêt annuel de 5 fr.

Mais cette mesure n'aurait-elle en effet, pour le pays, que les minces et insignifiants avantages indiqués par les adversaires de cette mesure?

C'est ce que j'examinerai, monsieur, dans la première lettre que j'aurai l'honneur de vous adresser.

(1) Cinquième des 140 millions annuellement payés pour le service des rentes 5 p. 0/0.

18 février 1858.

DU
REMBOURSEMENT
ET DE
LA CONVERSION
DE LA RENTE 5 P. o/o.

LÉGALITÉ, ÉQUITÉ, UTILITÉ POUR L'ÉTAT, OPPORTUNITÉ DE CETTE MESURE:
AVANTAGES QU'ELLE PEUT PRÉSENTER AUX RENTIERS.

> «.... Et pour être approuvés
> « De semblables projets veulent être achevés. »

LETTRES A UN DÉPUTÉ.

TROISIÈME LETTRE.—CONCLUSIONS.

Par A. B.

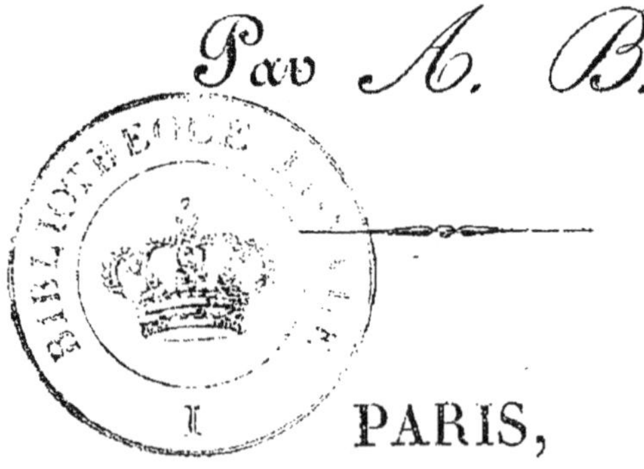

PARIS,

IMPRIMERIE DE BOURGOGNE ET MARTINET,
RUE JACOB, 30.

1838.

DU

REMBOURSEMENT

ET DE

LA CONVERSION

DE LA RENTE 5 P. o/o.

LETTRES A UN DÉPUTÉ.

Quel sera pour l'État le degré d'utilité de la conversion ou du remboursement des rentes 5 p. o/o ?

Telle est, monsieur, l'une des questions les plus importantes qui ont été posées par les adversaires de la mesure dont il s'agit, et que je vais essayer de résoudre.

Ce n'est point d'abord avec justesse que l'on a cru pouvoir argumenter sur le chiffre de l'économie qu'obtiendrait temporairement le Trésor public par suite des avantages, également temporaires, qu'il offrirait aux possesseurs des rentes 5 p. o/o, car ce serait là se faire une arme contre l'État de ce qui ne serait qu'un acte de ménagement, de bienveillance ou de générosité de sa part.

Pour procéder logiquement, c'est sur l'exercice complet et absolu d'un droit que personne aujourd'hui ne conteste plus à l'État qu'il convient de mesurer le bénéfice qu'il peut obtenir, lors même qu'il se bornerait à n'en réaliser sur-le-champ qu'une partie, en consentant, pour le surplus, à un ajournement d'un certain nombre d'années.

Or, voici le compte, *au vrai*, des résultats de l'opération que le Trésor pourrait réellement faire, dès à présent, s'il voulait user de ses droits dans toute leur plénitude.

Pour rembourser le capital au pair de 140 millions de rentes 5 p. 0/0, il aurait à payer en écus une somme de 2 milliards 800 millions (1), et en faisant ce paiement il se trouverait éteindre une dette dont les intérêts lui coûtent annuellement la dite somme de. . . 140 millions.

Il convient ici de rappeler qu'il est également reconnu par les adversaires comme par les partisans

____

A reporter. . . 140 millions.

____

(1) 5 : 100 :: 140 : 2800.—Pour rendre le calcul plus simple et plus clair, on prend un million pour unité.

de la conversion de la dette 5 p. 0/0, que l'existence de cette dette, maintenue constamment comme elle l'est sous la menace du remboursement, exerce la plus fâcheuse influence sur le cours de tous nos fonds publics, ce qui s'explique aisément, d'une part, sur ce que cet état de choses arrête nécessairement la hausse du 5 p. 0/0, qui atteindrait bientôt, sans cela, le taux de 140 ou de 150 p. 0/0, et, d'autre part, sur ce que les fonds au-dessous du pair se trouvent eux-mêmes comprimés, et ne sauraient prendre tout leur essor en présence d'une dette privilégiée qui, au cours actuel de la Bourse, procure encore aux créanciers un intérêt d'environ 4 1/2 p. 0/0 par an.

Ainsi, nul doute que lorsque l'État et ses créanciers seront sortis de la fausse position où ils se trouvent respectivement placés, les rentes 3 p. 0/0 ne soient ame-

Report. . . . 140 millions.

nées bientôt à dépasser plus ou moins leur valeur actuelle de près de 80.

Il est donc permis de croire que si l'extinction des rentes 5 p. 0/0 était décidée, l'État pourrait faire de nouveaux emprunts, en 3 p. 0/0, à un cours supérieur à celui auquel les fonds de cette nature s'achètent et se vendent aujourd'hui.

Mais en admettant même qu'il ne pût réaliser ces emprunts que sur le pied de 80 fr. de capital pour 3 fr. de rente, pour obtenir la somme de 2 milliards 800 millions à rembourser aux possesseurs des rentes 5 p. 0/0, il n'aurait à aliéner des inscriptions en 3 p. 0/0 que pour une rente de (1). . . 105 millions.

Il obtiendrait donc une économie annuelle sur le service de la dette publique, de . . . . . 35 millions.

Somme qui, au prix même auquel auraient été

(1) 80 : 3 :: 2800 : 105.

faits les nouveaux emprunts, ne représenterait pas moins qu'un capital de 933 millions (1) !

C'est une telle économie ou un tel bénéfice au profit de tous, que l'État pourrait effectivement obtenir sur-le-champ, et c'est en vue de ces résultats qu'il convient d'apprécier le plus ou moins d'utilité de la mesure en question.

Que des considérations d'un ordre différent et dignes d'ailleurs du plus grand intérêt viennent ensuite suggérer de réaliser les résultats dont il s'agit, non d'un seul coup, mais par des opérations successives placées à certains intervalles de temps l'une de l'autre, ce tempérament mérite sans doute de réunir tous les esprits sages en sa faveur; mais pour arriver au but ne faut-il pas entrer d'abord et marcher ensuite dans la voie qui doit y conduire?

« Qui vous garantit, dit-on, que la paix géné-
» rale dont on jouit depuis un quart de siècle du-
» rera encore long-temps? Gardez-vous donc, dans
» le doute, d'entamer la conversion des rentes
» 5 p. 0/0. »

Hâtez-vous au contraire, disons-nous, de la réaliser.

Enlevez au plus tôt la barrière qui empêche l'intérêt de votre dette de descendre de son taux

____

(1) 3 : 80 :: 55 : 933.

factice d'aujourd'hui à celui qui lui est assigné par la situation réelle du crédit de l'État et par la prospérité croissante de la fortune publique.

Viennent des temps où l'État se trouverait dans le cas de devoir contracter des emprunts considérables ; il se sera mis en mesure par là de pouvoir les conclure au meilleur marché possible.

De nombreuses combinaisons peuvent être présentées pour procurer aux possesseurs actuels de rentes 5 p. o/o les avantages que la législature jugerait à propos de leur accorder.

Supposons, pour simplifier autant que possible nos calculs et nos raisonnements, que ces rentiers soient appelés par l'une des combinaisons dont il s'agit à opter entre le remboursement de leur capital et la remise de nouvelles inscriptions de rentes en 4 1/2 au pair, non remboursables pendant le délai de dix ans, mais aussi non rachetables par la caisse d'amortissement (1). On peut d'abord tenir pour certain, à moins de vouloir se forger des fantômes pour reculer ensuite devant eux, qu'aucune sorte de ligue ne se formera entre les rentiers pour refuser une offre de conversion

(1) Sauf le cas fort invraisemblable où le cours descendrait au-dessous du pair.

aussi avantageuse que celle-là et pour forcer l'État à rembourser immédiatement en écus la somme énorme de 2 milliards 800 millions.

L'intérêt particulier, quand il n'est pas concentré dans un petit nombre d'individus, est plus calme et plus avisé qu'il ne faudrait le supposer pour pouvoir admettre la possibilité d'une semblable coalition.

Un certain nombre de possesseurs de rentes 5 p. 0⁄0 pourront bien demander à être remboursés, mais l'immense majorité d'entre eux préféreront infailliblement recevoir, en remplacement de leurs titres actuels, des inscriptions de rentes en 4 1⁄2 p. 0⁄0 au pair, et les motifs qui les y détermineront se résument dans les chiffres ci-après.

Si le possesseur d'une inscription de 500 fr. de rente 5 p. 0⁄0 opte pour le remboursement de son capital, le Trésor sera tenu de lui payer une somme de . . . . 10,000 f.

S'il préfère une inscription de 450 fr. de rente en 4 1⁄2, cette inscription lui représentera, quand ce ne serait qu'au cours actuel de la Bourse, un capital de 10,600

La conversion lui offrira donc déjà un bénéfice sur le capital de . . . 600 ou de 6 p. 0⁄0, tandis que, d'un autre côté, elle lui assurera pour dix ans au moins un revenu fort supérieur à celui dont jouissent les possesseurs des rentes au-dessous du pair.

Mais son profit sur le capital ne pourrait point tarder à devenir beaucoup plus considérable que celui-là, parce qu'une fois qu'il n'existerait plus de rentes 5 p. 0/0 et que le remboursement ou la nouvelle conversion de celles en 4 1/2 serait ajourné par la loi à intervenir, par exemple, jusqu'à l'année 1848 ou 1850, tous les fonds publics, y compris ce dernier, se trouveraient bientôt amenés, par la seule force des choses, à prendre leur niveau naturel; non sans doute que le 4 1/2 pût s'élever à une proportion égale à celle du cours du 3 p. 0/0, puisque l'existence de ce nouveau fonds ne serait elle-même que temporaire, mais l'époque de sa future extinction étant prévue et déterminée d'avance par la loi, il prendrait presque aussitôt une valeur dont les éléments combinés seraient :

1o Le cours du 3 p. 1/0;

2o La différence entre l'intérêt (d'après le même cours) des capitaux effectifs placés en 3 p. 0/0 et l'intérêt de 4 1/2 accordé, par exception, aux anciens possesseurs de rentes 5 p. 0/0;

3o Les dix ou douze années durant lesquelles cet intérêt de faveur serait assuré aux rentiers ;

4o Enfin, la probabilité (qu'il ne tiendrait qu'à

la loi de changer dès à présent en certitude)
qu'au bout de ladite période, l'État procèderait
envers les possesseurs de rentes 4 1/2 p. 0/0
comme il viendrait de le faire envers les possesseurs des rentes 5 p. 0/0 , en donnant encore à
ceux-là comme il l'aurait fait à ceux-ci la faculté
d'opter entre leurs capitaux au pair en écus ou
de nouvelles inscriptions présentant seulement
une réduction de 1/2 p. 0/0 sur la rente, et non
remboursables elles-mêmes qu'après un nouveau
délai de dix ans.

C'est d'après ces bases que par de simples calculs arithmétiques la valeur des nouvelles rentes
4 1/2 p. 0/0 se proportionnerait toujours nécessairement à celle des rentes 3 p. 0/0.

Ainsi, lorsque ces dernières auront atteint, par
exemple, le cours de 85, auquel la situation anor-
male de la dette publique les empêche de s'élever
aujourd'hui , chaque rente de 4 fr. 50 c. devra
valoir :

1° Les 100 fr. de capital effectif que l'État sera
toujours tenu , après la seconde comme après la
première conversion, de rembourser aux possesseurs actuels des rentes 5 p. 0/0 ou à leurs ces-
sionnaires, ci. 100

2° Un capital représentatif de la différence entre chacun des deux revenus de

A reporter. . . 100

Report. . . 100

4 fr. 50 c. et de 4 fr. qui seraient assurés pendant deux périodes successives de dix ans auxdits rentiers, et celui de 3 fr. 53 c., que pourrait seulement procurer ladite somme de 100 fr., si elle était placée sur le fonds de 3 p. 0/0, régulateur naturel du crédit public (1).

Or, ce capital, d'après les calculs admis pour les rentes à terme, serait d'environ. 11

Ensemble. . . 111

Le cours des nouvelles rentes 4 1/2 p. 0/0 s'élèverait donc bientôt, malgré la prévision des conversions ultérieures, et en raison même des époques fixées d'avance pour ces conversions, à environ 111 p. 0/0.

Et quant aux craintes d'événements par lesquels le crédit public pourrait être ultérieurement affecté, il n'est point superflu de faire remarquer qu'elles n'auraient qu'une influence insensible ou presque nulle sur le cours du 4 1/2, par suite de cette prévision à la portée de tout le monde, que les mêmes causes qui pourraient agir défavorablement sur la valeur des fonds 3 p. 0/0 retarde-

---

(1) 100 : 3 :: 85 : 3.53.

raient d'autant le remboursement ou la conversion du 4 1/2, et assureraient, par conséquent,
aux porteurs des rentes de cette nature, une plus
longue jouissance de l'intérêt élevé qui leur aurait
été maintenant conservé.

. Enfin, le bénéfice sur le capital des rentes 4 1/2
deviendrait plus considérable encore que celui
de 11 p. 0/0 établi plus haut, si, suivant l'opinion même des adversaires de la conversion, et
en admettant, bien entendu, le maintien de
l'ordre intérieur et de la paix extérieure, les
rentes 3 p. 0/0 étaient destinées, comme tout
autorise à le croire en effet, à s'élever au cours
de 90 p. 0/0, une fois que le débat pendant aujourd'hui devant les Chambres aura été vidé.

Les porteurs de rentes 5 p. 0/0 qui préfère-
raient au remboursement de leur capital nominal la conversion en 4 1/2, se trouveraient ainsi
recevoir par le fait un capital, non seulement
fort au-dessus de celui de 100 fr., moyennant
lequel l'État pourrait se libérer complétement
envers eux, mais aussi plus ou moins supérieur
à celui d'environ 107 fr. 50 c. pour chaque 5 fr.
de rente, qu'ils pourraient seulement réaliser
en vendant aujourd'hui leurs inscriptions à la
Bourse (1); et s'il était vrai, suivant l'un des ar-

(1) Car du cours actuel de moins de 110 il faut retrancher l'in-

guments qu'on produit contre la mesure de la conversion , que des placements présentant les mêmes sûretés que ceux sur les fonds de l'État pussent encore être faits , dans ce moment , à l'intérêt de 5 p. o/o, ceux desdits rentiers qui seraient disposés à sortir des fonds publics pourraient encore , en optant pour la conversion , échanger leur revenu actuel de 5 fr. contre celui de 5 fr. 55 c. (1).

Tels seraient, pour les rentiers , les résultats de la conversion du 5 en 4 1/2 p. o/o.

Voyons quels seraient ceux que cette mesure produirait pour l'État.

Chacune des rentes 5 p. o/o se trouvant remplacée par une autre rente de 4 1/2, la dépense de 140 millions dont le Trésor est chargé annuellement pour le service des premières se trouverait d'abord , et sur-le-champ, diminuée de 14 millions.

Pour repousser une telle économie , on a calculé la mince part de dégrèvement qui en reviendrait à chaque contribuable.

Mais ne pourrait-on pas en dire autant de toutes les réductions , même les mieux entendues , de

---

térêt de 2 fr. 50 c. qui va être incessamment payé aux rentiers pour le semestre à échoir le 22 mars prochain.

(1) 100 : 5 :: 111 : 5,55.

dépenses, et lorsque les Chambres jugent à propos de diminuer de quelques milliers de francs, par exemple, une allocation demandée pour tel ou tel service public par le ministère, admettrait-on l'objection qu'une telle économie ne saurait tourner au profit de chaque redevable que pour une très petite fraction de centime?

Ce n'est point, sans doute, avec un esprit de parcimonie plus funeste qu'utile aux intérêts d'un pays comme à ceux d'une famille, qu'il convient de conduire leurs affaires; car lorsque l'exiguïté des dépenses leur enlève une partie de leur utilité, l'on perd presque toujours d'un côté beaucoup plus qu'on n'épargne de l'autre; et il est possible, par exemple, que telle administration financière coûtât moins à l'État avec une allocation annuelle de vingt millions qu'avec celle de seize ou dix-huit, si, moyennant la première, la proportion des frais de perception avec les produits était inférieure à celle qu'on est obligé de subir avec la seconde; la fortune des États, comme celle des particuliers, ne dépendant point exclusivement de l'abaissement des dépenses ou de l'élévation des recettes, mais bien de l'excédant proportionnel des unes sur les autres.

Mais lorsque des économies possibles se présentent; qu'elles réunissent en leur faveur tous les caractères de justice, d'équité et d'opportunité, et qu'elles offrent en même temps la perspective d'avantages importants dans l'avenir, on ne saurait trop s'empresser, ce semble, de les opérer.

Pour se refuser à l'inscription de certaines pensions de faveur, dont on faisait valoir la faible importance vis-à-vis la masse des revenus de l'État, un contrôleur-général des finances objectait, il y a cinquante ans, que le paiement annuel de ces pensions n'exigeait pas moins que le montant annuel des impôts de plusieurs communes de France.

Or, pour acquitter les 14 millions qu'on croit d'un médiocre intérêt de commencer à économiser sur le service de la dette publique, il faut le produit de la contribution foncière de plusieurs départements. Ajoutons que l'économie dont il s'agit pourrait être bien utilement employée, non, sans doute, à diminuer, au marc le franc, les contributions directes et indirectes de chaque redevable, mais à réduire ou à supprimer certains impôts, qui, de leur nature ou par les vices inhérents à leur assiette, sont le plus onéreux pour les contribuables, ou nuisent au développement de quelque branche d'industrie ou de travail.

Une faible partie de ces 14 millions ne suffirait-elle pas, par exemple, pour compléter une importante amélioration, commencée par le ministre actuel des finances, en prononçant la suppression de toute espèce de droits de navigation sur les bâtiments français?

Lorsque, dans le but de créer et de conserver, des marins, des primes considérables ou des réductions de droits de douanes, dont l'utilité ne saurait être contestée, sont accordées par l'État à certaines expéditions de long cours, n'y a-t-il pas une anomalie manifeste, qu'il serait urgent de faire cesser, à reprendre d'une main ce qu'on a donné de l'autre, en imposant les mêmes expéditions pour l'entretien de nos ports? Un tel entretien, bien plus encore que celui des routes ou des places fortes, ne devrait-il pas être à la charge du pays tout entier, et ne serait-ce pas d'autant plus opportun d'en affranchir la navigation française qu'elle est exposée, par la fabrication croissante du sucre indigène, à voir successivement diminuer les profits que lui assurait le transport des sucres exotiques ?

Mais ladite somme de 14 millions ne serait point la seule économie qui pourrait être, dès ce moment, réalisée par la conversion en 4 1/2 des rentes 5 p. 0/0.

Il existe, comme on sait, un nombre considérable d'inscriptions de rentes 5 p. 0/0 dont les légitimes propriétaires sont inconnus.

Ceux qui en sont dépositaires continuent à en toucher les arrérages à la fin de chaque semestre, et nous admettons pleinement que la plupart au moins d'entre eux n'ont d'autre intention que de conserver le montant de ces arrérages aux ayants-droit qui pourraient un jour ou l'autre les réclamer ; mais il ne s'agit pas moins ici d'une sorte de successions vacantes ou en déshérence, dont le produit doit tourner au bénéfice de l'État, ou doit être réservé par lui pour le compte de qui de droit.

On a évalué que les inscriptions de cette nature pouvaient s'élever à 4 millions de rente par année, ce qui constituerait un capital nominal de 80 millions, ou un capital effectif de plus de 100.

Or, l'un des résultats de la conversion serait celui de faire éliminer de la dette de l'État toutes les rentes pour lesquelles il serait reconnu qu'il n'existe pas de créancier légitime.

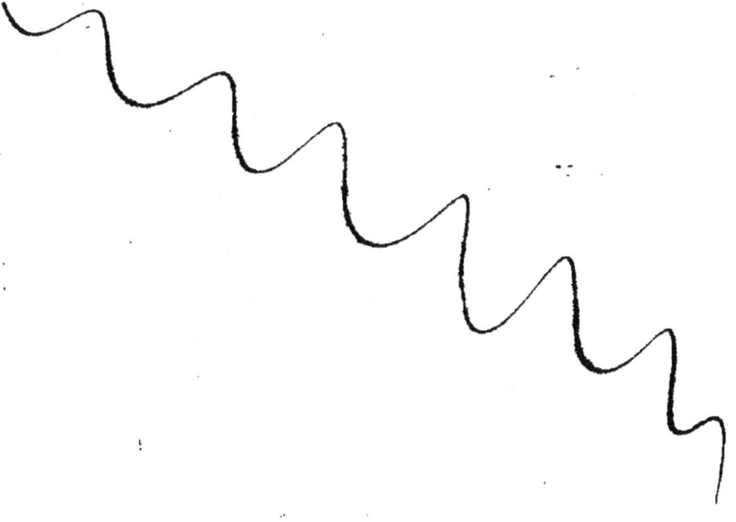

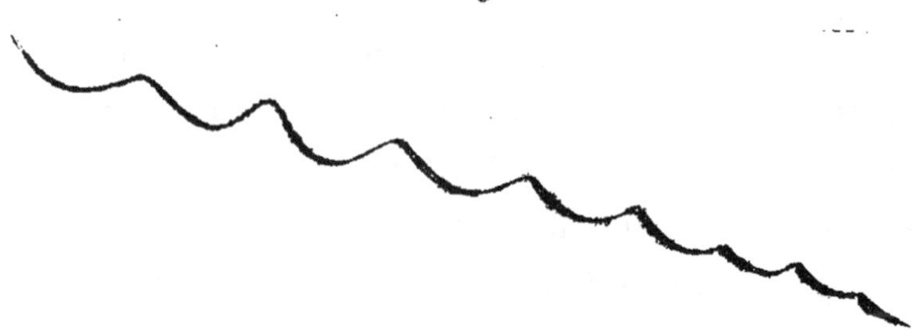

Au surplus, lors même que la première économie sur le service de la dette publique ne serait que de 14 millions de rentes, a-t-on bien songé que cette somme aujourd'hui ne représente pas moins qu'un capital effectif de 373 millions (1), et que, si elle n'était pas employée en dégrèvement sur les impôts existants, elle fournirait par conséquent à l'État les moyens d'affecter sur-le-champ une somme de 3 ou 400 millions à l'exécution des travaux publics en projet, sans qu'il en résultât cependant un seul centime d'augmentation sur les charges des contribuables?

Ainsi disparaîtrait encore l'une des objections présentées contre la conversion, et qui est celle de l'inopportunité supposée de cette opération, en présence des vastes plans proposés d'ouverture de canaux, de construction de chemins de fer, etc., et c'est précisément en raison de toute l'utilité, non moins que de l'urgence de ces tra-

---

(1) 3 : 80 :: 14 : 373. — Employée à augmenter la masse circulante des bons royaux, la rente de 14 millions procurerait un capital de cinq à six cents millions.

vaux, qu'on ne saurait trop tôt s'occuper de la conversion des rentes 5 p. 0/0 ; car les effets d'une telle opération ne seraient point seulement de procurer au besoin à l'État plusieurs centaines de millions, sans aucun accroissement dans l'intérêt de sa dette, mais aussi de contribuer efficacement à faire diminuer le prix du premier élément de toutes les entreprises publiques et particulières, c'est-à-dire le taux de l'intérêt des capitaux.

« Mais vous n'avez pas apprécié, nous dira-t-on,
» toute la force de l'objection mentionnée, la-
» quelle porte principalement sur ce que l'exécu-
» tion des travaux publics et la conversion des
» rentes, devant appeler à elles également des
» capitaux considérables, l'une de ces opérations
» ne pourrait être faite qu'au préjudice de l'au-
» tre. »

Telle est, dans ce qu'elle a de plus spécieux et d'alarmant, l'argumentation qu'on nous oppose, et elle pourrait être, en effet, de nature à inspirer de sérieuses inquiétudes, si elle ne reposait pas sur deux suppositions également erronées ; l'une que l'État ou les compagnies sont à la veille de payer les deux ou trois milliards que pourra exiger l'exécution des travaux publics ; l'autre que des accumulations considérables de numéraire seront nécessaires pour parvenir à la conversion des rentes.

Rien de semblable n'est à craindre; ce n'est, ce ne peut être qu'en 1839, ou plutôt en 1840, que les travaux à exécuter pourront commencer à réclamer de la part, soit de l'État, soit des compagnies, l'emploi de fonds importants; d'où il suit que les inconvénients signalés par les adversaires de la conversion existeraient alors et n'existent pas aujourd'hui, et que l'un des principaux arguments qu'ils font valoir à l'appui de leur opinion se trouve venir justement au soutien de la nôtre.

D'un autre côté, la mesure de la conversion, si elle présentait aux rentiers la faculté de recevoir des inscriptions en 4 1/2 p. 0/0 en échange de celles en 5 p. 0/0, leur offrirait, comme nous l'avons précédemment établi, de trop grands avantages sur le remboursement du capital nominal de leurs inscriptions, pour qu'elle ne pût pas être exécutée et achevée dans l'espace de quelques mois, et il est plus que probable qu'une compagnie qui serait chargée, sous sa propre responsabilité, de diriger et de conduire à terme cette opération, ne croirait pas nécessaire de devoir réunir au-delà d'une cinquantaine de millions en écus pour pouvoir faire face, au besoin, aux remboursements qui lui seraient demandés.

Quelque élevés que pussent être ces remboursements, il n'y aurait point là d'ailleurs absorption de capitaux.

On peut s'en rapporter pleinement, à cet égard, aux calculs et à l'action incessante de l'intérêt particulier.

A peine un capital de trois ou quatre cent millions en écus ou en signes monétaires aurait été remis aux rentiers qu'il serait aussitôt reversé par de nouveaux placements dans la circulation, et qu'il irait rapidement se placer là où le besoin de fonds se ferait sentir davantage.

Il vous appartient maintenant, monsieur, de juger s'il n'est pas suffisamment démontré par les observations que j'ai eu l'honneur de vous soumettre dans cette lettre et dans celles qui l'ont précédée :

Que les rentes 5 p. oo ne sauraient être tenues plus long-temps sous la menace du remboursement sans les plus graves inconvénients pour tous les intérêts engagés;

« Que tout le monde est à peu près d'accord
» sur la nécessité de prendre un parti; qu'il y a
» danger à rester dans une ornière où le crédit
» demeure stationaire *depuis dix ans*; de prolonger
» un état d'incertitude qui tient en arrêt tous
» les esprits , qui paralyse le développement de
» toutes les valeurs, qui déprime et retient comme
» clouée aux environs du pair la rente 5 p. oo ,
» les deux tiers de notre dette totale (1); »

(1) Folio 19 du second écrit de M. Ouvrard sur la Conversion des rentes 5 p. oo.

Qu'il est devenu en conséquence aussi urgent qu'indispensable, pour sortir d'un tel état de choses, de reconnaître une fois pour toutes que les rentes 5 p. 0/0 sont irremboursables, ou de décider que leur conversion ou leur remboursement auront lieu sans retard ;

Que la première de ces mesures ne pouvant être prise sans qu'il en résulte le sacrifice de plus d'un milliard pour l'État, ou, ce qui revient au même, pour la masse entière des contribuables, l'adoption de la seconde devient pour ainsi dire forcée ;

Que le remboursement du capital nominal des rentes 5 p. 0/0 étant d'ailleurs aussi légal qu'équitable, l'État est parfaitement en droit, soit de se libérer par là du capital de sa dette, soit d'offrir aux rentiers de nouvelles inscriptions qui leur feraient subir sur leur revenu, pendant au moins un certain nombre d'années déterminé, une réduction beaucoup moindre que celle qu'ils éprouveraient par suite du remboursement ;

Que la situation actuelle du crédit public, exprimée par le cours des fonds au-dessus du pair (quelque déprimé que soit ce cours par l'existence des rentes 5 p. 0/0); que l'état prospère des finances du pays, la prévision des dépenses considérables qu'exigeront les travaux publics projetés, la crainte même (si l'on veut) que quelque événement imprévu ne puisse un jour ou l'autre interrompre le cours de la paix dont on jouit depuis un quart de siècle, sont autant de motifs qui rendent le moment actuel très opportun pour se livrer à l'opération dont il s'agit;

Que si, sur tous les points qui précèdent, la démonstration, basée presque entièrement sur des chiffres, peut être considérée comme complète, il paraîtra également avéré que c'était dans l'intérêt le mieux entendu du pays que l'un des derniers ministres des finances, et, dès l'année 1824, M. de Villèle, ont proclamé la nécessité de la conversion des rentes 5 p. 0/0, mesure dont l'adoption serait l'un des actes de la législature les plus utiles à la chose publique et aux contribuables.

Mais cet acte pourrait-il entraîner les graves perturbations que redoutent ses adversaires? Non sans doute; parce que les avantages que tout le monde propose d'offrir aux rentiers qui accepteraient la conversion sont tels, qu'il n'est nullement à craindre qu'on puisse jamais manquer de capitalistes pour se mettre à la place des porteurs de rentes 5 p. 0/0, si, par une supposition presque impossible, ceux-ci optaient pour le remboursement de leur capital nominal.

1ᵉʳ mars 1838.

www.ingramcontent.com/pod-product-compliance
Lightning Source LLC
Chambersburg PA
CBHW061247050726
47594CB00004B/1402